BEI GRIN MACHT SICH IHR WISSEN BEZAHLT

AF154654

- Wir veröffentlichen Ihre Hausarbeit,
  Bachelor- und Masterarbeit

- Ihr eigenes eBook und Buch -
  weltweit in allen wichtigen Shops

- Verdienen Sie an jedem Verkauf

Jetzt bei www.GRIN.com hochladen
und kostenlos publizieren

Bibliografische Information der Deutschen Nationalbibliothek:

Die Deutsche Bibliothek verzeichnet diese Publikation in der Deutschen National-
bibliografie; detaillierte bibliografische Daten sind im Internet über http://dnb.d-
nb.de/ abrufbar.

Impressum:

Copyright © 2015 GRIN Verlag, Open Publishing GmbH
Druck und Bindung: Books on Demand GmbH, Norderstedt Germany
ISBN: 978-3-668-16614-1

Dieses Buch bei GRIN:

http://www.grin.com/de/e-book/315595/nonverbale-kommunikation-bei-kindern-
im-vorschulalter-freude-traurigkeit

Arzika Xhelili

Nonverbale Kommunikation bei Kindern im Vorschulalter. Freude, Traurigkeit, Ärger, Erstaunen und Nervosität

GRIN Verlag

GRIN - Your knowledge has value

Der GRIN Verlag publiziert seit 1998 wissenschaftliche Arbeiten von Studenten, Hochschullehrern und anderen Akademikern als eBook und gedrucktes Buch. Die Verlagswebsite www.grin.com ist die ideale Plattform zur Veröffentlichung von Hausarbeiten, Abschlussarbeiten, wissenschaftlichen Aufsätzen, Dissertationen und Fachbüchern.

Besuchen Sie uns im Internet:

http://www.grin.com/

http://www.facebook.com/grincom

http://www.twitter.com/grin_com

Tirana Universität

Fremdsprachenfakultät

Deutsche Abteilung

Nonverbale Kommunikation der Kinder im Vorschulalter

Arzika Xhelili

Datum der Abgabe: 15.09.2015

Inhaltsverzeichnis

Abkürzungsverzeichnis

Vgl. vergleiche

bzw. beziehungsweise

d.h. das heißt

et. al. und andere

S. Seite

z.B. zum Beispiel

a.a.O. am angegebenen Ort

ebd. ebenda/ ebendort

1 Einleitung

Man kann nicht nicht kommunizieren.[1]

Das heißt dass außer des nonverbalen Teiles, sehr wichtig in der Kommunikationsbereich ist auch die nonverbale Kommunikation. Wir sprechen mit unserer Sprache und kommunizieren mit dem Körper, wovon sich in dieser Arbeit handelt. Die nonverbale Kommunikation ist nicht nur ein Kommunikationsmittel sondern auch begleitet die Sprache und verfügt über viele Funktionen. Alle unsere Bewegungen werden unterschiedlich gedeutet abhängig von den Situationen.

Da die Kinder eine reiche Körpersprache besitzen, wurde das der Grund meiner Themasauswahl. Ziel dieser Arbeit, bezüglich der Körpersprache, ist, wie reagieren die Kinder im Vorschulalter auf Emotionen wie Traurigkeit, Freude, Ärger, Erstaunen, Nervosität.

Der Wissentschaftler, auf den bezogen wurde ist Samy Molcho, der auch als der Meister der Körpersprache bekannt ist.

Im Zentrum meiner Untersuchung stehen die Fotos, die im Kindergarten aufgenommen wurden.

Im ersten Kapitel wird es über die Kommunikation als Definition erläutert; ihre Arten und die Elemente, nämlich Gestik, Mimik, Blickverhalten, Körperhaltung.

Des Weiteren ist eine Darstellung der Entwicklungsstufen bei Kinder laut Molcho und die Ausdruckmöglichkeiten von Körpersprache der Kinder, die von anderen Wissentschaftler studiert wurden.

Im sechsten Kapitel wird der Fokus nach dem Kern dieser Thema gerichtet bzw. Kinder im Vorschulalter, Kinderauswahl und die Methode der Untersuchung. Und abschließend wird es sich auf Reaktionsmuster in Verbindung mit ausgewählten Emotionen konzentriert und es werden die Ähnlichkeiten und Unterschiede der einzelnen Kinder dargestellt.

---

[1] Kadzadej, Brikena: Aspekte der Kommunikation im Deutschen und Albanischen. Oberhausen 2010, S.19 zitiert nach Watzlawick, Paul: Menschliche Kommunikation. Wien 1969, S.53

2 Kommunikation Definition

Was ist Kommunikation?

Das Wort Kommunikation stammt aus dem Lateinischen "communicare" und es lautet „sich besprechen und verhandeln, teilen, mitteilen, gemeinsam machen". Sie bezeichnet den wechselseitigen Austausch und auch das gemeinsame Umwandeln von Gedanken in Sprache, Gestik, Mimik, Schrift oder Bild.[2]

Kommunikation ist kein einfacher Vorgang als man annimmt. Sie ist geprägt durch die Kulturen weltweit. Die zahlreichen Studien über die Kommunikation führten zu keine bestimmte Definition deswegen sind verschiedene Definierungen entstanden. Jede geführte Forschung fand eine neue Begriff darüber.

Während einer Kommunikationssituation werden Informationen zwischen dem Sprechen und dem Hörer ausgetauscht. Diese Informationen oder Signale können nicht nur durch die gesprochene Sprache ausgedrückt, sondern auch durch die nonverbal Signale die bewusst oder unbewusst sind. Dazu gehören: Gesten, der Blickkontakt, der Gesichtsausdruck, die Körperhaltung und andere nonverbale Aspekte in Sprache, Kleidung und Schmuck.[3]

Bei Kommunikation gehts es um ein Prozess, bei der ausser Menschen, andere Instanzen beteiligt sind. Sie ist auch ein Prozess zwischen Menschen und Maschinen.[4]

Botschaften zwischen Einzelpersonen und Völkern.[5]

Meiner Hinsicht nach ist Kommunikation ein wechselseitiges Verhältnis. Sein Ziel ist dass man nicht nur gehört und verstanden wird, sondern auch dass man den anderen hört und versteht.

Sie ist die Verbreitung und Übertragung von Fakten, Nachrichten und Informationen anhand des wichtigen Mittels, die Sprache. Wir sprechen miteinander, (Sender + Empfänger), übertragen und äussern Gedanken, die wahrgenommen werden und wechselseitig sind. Alle diese verschiedene Meinungen und Definierungen weisen darauf dass es keine allgemeingültige Begriffe gibt.

---

[2] Mann, Ulrike: Der neue Trend der "Babyzeichensprache". Brandenburg 2009, Seite 18
[3] Köhler, Alexandra: Nonverbale Kommunikation. Oldenburg 2007, Seite 2
[4] Keuneke, Susanne: Kommunikations- und Medienwissentschaft. Düsseldorf 2012, Seite 1, zitiert nach Schenk, Michael: Interkulturelle Kommnikation. Frankfurt am Main, 2009, Seite 65-80
[5] Kadzadej, Brikena: Aspekte der Kommunikation im Deutschen und Albanischen. Oberhausen 2010, S. 5 zitiert nach UNECSO 1981, S. 352

3 Arten von Kommunikation

3.1 Verbale Kommunikation

Komunikation läuft verbal und nonverbal. Sehr wichtig ist auch die Para-verbale Kommunikation, die die Intonation, Betonung, Sprechpause, Geschwindigkeit, Pausen umfasst. Die verbale Kommunikation ist das Gesagte, die gesprochene Botschaft bzw. die Gedanken, die Nachrichten, Fakten usw.

Z.B. Der Lehrer sagt den Studenten : Wer will an der Veranstaltung teilnehmen? Und es werden Wünsche geäußert "nein, ich kann leider nicht", "Ich will gerne daran teilnehmen".

Es gibt also drei wichtigen Elemente in diesem Gespräch: den Sender, den Empfänger und die Sprache. Der Sender äussert sich , der Empfänger nimmt die Botschaft wahr , dekodiert sie und antwortet anhand der Sprache.

3.2 Nonverbale Kommunikation

Diese Arbeit fokusiert sich aber auf die nonverbale Kommunikation anders gesagt die Körpersprache[6], die ein verbreitetes Thema und gleichzeitig kompliziert ist. Die Sprache wird immer von der Körpersprache begleitet und beide sind miteinander fest verbunden. Wir können uns in den fremden Kulturen gründlich missverstehen, da die Körpersprache in der Welt unterschiedliche Bedeutung hat.

In diesem Fall wird die Information nicht durch die gesprochene Sprache ausgedrückt, sondern durch die nonverbalen Zeichen. Man versteht das mithilfe "nonverbal" d.h. ohne Worte.

Wir können uns in den fremden Kulturen gründlich missverstehen, da die Körpersprache in der Welt unterschiedliche Bedeutung hat. Das kann anhand eines Beispiels verständlicher gemacht werden.

Der nach oben gestreckte Daumen, der in Deutschland "eins" bedeutet, bedeutet in Australien und Nigeria dagegen eine sehr vulgäre Beschimpfung, mit der man jemanden loswerden möchte. In vielen anderen Ländern und auch in Deutschland bedeutet der ausgestreckte Daumen genau das Gegenteil: "prima" oder "toll".[7]

---

[6] Nonverbale Kommunikation und Körpersprache werden als Synonyme verwendet

[7] Quelle: http://www.geo.de/GEOlino/mensch/kultur-mal-anders-gesten-aus-aller-welt-59416.html [am 25.12.2009]

Bei den Kinder die Sprache des Körpes ist die direkte Sprache. Obwohl sie noch nicht ganz den Sinn der nonverbalen Kommunikation besitzen, scheint ihre Körpersprache sehr reich zu sein.

4 Die Elemente der Körpersprache

Die Elemente der nonverbalen Kommunikation sind in drei Gruppen zu klassifizieren:

4.1 Kinesik

Zur Kinesik gehören:

Körperhaltung

Die äußere Haltung beeinflusst die innere Haltung.
Die innere Haltung beeinflusst die äußere Haltung.[8]

Wenn man mit sich selbst bequem und ruhig fühlt, dann hat man auch ein besseres Auftreten und Haltung. Wen man aber traurig und gestresst ist, bringt das zu keiner richtigen Haltung. Deswegen vor einem Vortrag stellt man immer die Frage "wie soll er mit den Händen oder dem Körper" umgehen. Offenbar spielt die Körperhaltung zielmlich wichtige Rolle in der Alltagskommunikation aber es gibt keine bestimmte Regeln dafür . Trotzdem man muss einige Sachen berücksichtigen und einige vermeiden. Man kann sich einfach vor dem Spiegel vortragen und schauen in welcher Haltung fühlt er sich wohl.

- Die wichtigsten Handlungen, die zu vermeiden wären:
  Händen in den Taschen stecken oder Händen auf den Rücken
  Ärme vor der Brust verschränken
  Hände nur unten lassen
  Beide Händen hinter den Kopf lassen
  Mit dem Hemdkragen spielen
  Gesicht berühren et. al.

---

[8] Busam, Xenia: Körpersprache. Entschlüsseln Sie den geheimen Code. Stuttgart 2006, S. 24

- Die zu berücksichtigende Handlungen wären:

  Man soll über eine aufrechte Haltung verfügen

  Man soll immer mit allen Kommunikattionspartner Augenkontakt halten

  Keine übertriebene Bewegungen u.s.w.

<u>Gestik</u>

Ausser Greiforganen sind Händen ein wichtiges Mittel den angewandten Personen ein Signal zu übertragen. Man weisst schon dass fast jeder Mensch Gesten und Handhaltungen zur Kommunikation einsetzt sei es bewusst oder unbewusst. Gesten sind sprachbegleitend d.h. wir unterstützen mit unseren Händen das Gesagte. Ohne unsere Hände ist es uns nicht möglich, differenziert zu kommunizieren. Das bedeutet sie sind sehr eng mit der Sprache verknüpft und sie spielen eine entscheidende Rolle zur Kommunikation. Im Allgemein wird Gestik intensiv wenn man über schwierige Dinge spricht und sich emotional stark fühlt. Kinder insbesondere gestikulieren viel denn ihre sprachliche Entwicklung und ihre verbale Ausdrucksmöglichkeiten sind eingeschränkt.

Die Folge ist, dass sie mit ihrem ganzen Körper reden und die Körpersprache als verlässlichste Quelle ihrer Gefühle, Bedürfnisse und Wünsche gilt.

Anhand Gesten versucht man eine Person oder Objekt so exakt wie möglich zu imitieren oder sie spiegeln Gedanken wieder. Die sind aber sehr stark kulturabhängig. Wie obererwähnt wurde, werden Gesten unterschiedlich unter den Kulturen interpretiert. Bezüglich den Händen man unterscheidet.[9]

- Zeigegesten
- Bittgeste
- Betonungsgesten
- Demostrationsgesten
- Beschwichtungsgesten

---

[9] Schäfer, Erich: Nonverbale Kommunikation. Magdeburg 2002, S. 53 zitiert nach Bürger, Parzinger, D.: Körpersprache. Augsburg 1998, S. 34

Gesichtsausdruck/ Mimik

Das Gesicht bietet verschiedene wichtige Arten von Informationen. Diese Informationsquelle kommt von Augen, Lippen, Zähnen und Zunge beim Sprechen zustande. Die Bewegung dieser Organen, die bewusst oder unbewusst ist, bezeichnen wir Mimik. Bewusst heisst z.b wenn jemand freundlich mit den Freunden sich verhält obwohl er innerlich traurig ist. Unbewusst ist z.b im Fall eines Kindes , der die Mutter schaut und lacht denn er froh ist. Ein Kind verfügt vom Geburt an über angeborene Ausdrucksformen, z. B. er weint, lacht oder er macht ein erstauntes Gesicht. Die sechsjährige Kinder dagegen haben schon diese Gesichtsausdrücke erlernt und machen sie sowohl unbewusst als auch bewussst.

Weiterhin bemerkenswert ist die Erkenntnis aus einer Studie von Saarni, wobei es sich um die Entwicklung von Ausdruckregeln von Kindern im Alter zwischen sechs und zehn Jahren handelt. Die Mädchen zeigen weniger negative Emotionen als die Jungen, was wahrscheinlich darauf zurückzuführen ist, dass die Sozialisation der Mädchen generell schneller verläuft als die der Jungen.[10]

Die Grundemotionen, die von dem Gesichtsausdruck ausgehen, wären z.b Freude, Ärger, Überraschung, Verachtung, Furcht, Abscheu, Trauer.

Blickkontakt

Mimik beträgt vor allem die emotionale Seite, aber die Augen haben eine besondere Bedeutung und sie sind eine zentrale Quelle für die Kommunikation. Dadurch wird es erkannt ob man während eines Gespräches interessiert ist oder nicht und sie spiegeln Aufmerksamkeit. Der Blick ist eines der wirksamsten nonverbalen Signale und er hat viele Aufgaben in der Kommunikation, denn die Augen schicken auch Botschaften wie Freunde, Hass, Ekel, Ärger, Sympathie u.a. Das Blickverhalten spielt auch in der kindlichen Entwicklung eine wichtige Rolle.

In den ersten Lebensmonaten sind intensive Blickkontakte zwischen dem Kind und seiner Bezugsperson von großer Bedeutung. Sie sind ein wichtiges Signal für die emotionale Innerheit und haben Einfluss auf die weitere Entwicklung des Kindes. Für diese Entwicklung

---

[10] Hansen, Sybille: Konflikhafte Interaktionen unter dreijähriger Kinder- Die Körpersprache. Neubrandenburg 2012, S. 30 zitiert nach Saarni, Carolyn: Children`s understanding of display rules for expressive behaviour. Developmental Psychology 15. California 1979, S. 424 - 429

sind wichtig Eltern-Kind-Blickkontakte. So erzeugt z.B. das Weinen des Kindes emotionale Traurigkeit bei der Mutter.[11]

4.2 Proxemik

„Der Begriff räumliches Verhalten beschreibt das Verhalten des Menschen mit dem Raum, der ihn umgibt, umzugehen. Jeder Mensch hat ein Bedürfnis nach einem Platz, den er sein eigen nennen kann, jeder Mensch hat seine ganz spezifischen Raumbedürfnisse. Nicht jeden Menschen lassen wir gleich nahe an uns heran, wir halten beim einen mehr, beim anderen weniger Distanz. "[12]

Das räumliche Verhalten oder anders gesagt Proxemik ist ein Aspekt der Körpersprache und darunter versteht man die Körperhaltung der Kommunikationspartner in einer bestimmten Situation. Es hängt von der Körperhöhe, die Körpersausrichtung und Berührung der Körper ab. Diese "Raumsprache" entschlüsselt erstens die Rolle der Partner , ihre Sympathie, Antipathie, Freundlichkeit, Abneigung, Zuneigung u.a. Wenn z.b. bei einem Gespräch die sprechende Person den anderen den Rücken kehrt, drückt das Unhöflichkeit, es scheint dass er die anderen ignoriert und das macht keine gute Figur. Es gibt auch verschiedene Distanzzonen und das hängt von der Beziehung der Partner. Diese Beziehung kann intim, beruflich, persönlich oder öffentlich sein. Es zeigen sich auch Unterschiede im Raumverhalten zwischen den Kulturen. Die Albaner z.b. kommen sehr nah zueinander. Die Nordamerikaner dagegen halten Distanz miteinander.[13]

Bezüglich der Kinder haben die Erwachsenen immer eine enge Beziehungen, obwohl sie den Kinder völlig fremd sind. Sie nehmen die Kinder hoch, küssen und streicheln Die Kinder dagegen halten eine bestimmte Distanz mit den Fremden und sie verhalten sich nicht freundlich.

Die Berührung

Die Berührung einer anderen Person ist ein Art nonverbaler Kommunikation, der in den Kulturen weltweit streng und unterschiedlich ist. Eine Berührung kann positive Auswirkungen haben, aber auch Abwehrreaktionen nach sich ziehen wenn sie über die

[11] vgl. Mann, Ulrike, a.a.O., S. 29
[12] Thornton, Anna: Nonverbale Kommunikation- Körpersprache der Kinder. Graz 2010, S. 21 zitiert nach Haslhofer, Sandra: Nonverbale und gebärdensprachliche Aspekte visueller Kommunikation, Diplomarbeit Univ. Graz 2001, S. 87
[13] Levine V. Robert: A international Kommunikationskompetenz. California 2002, S. 27

persönlichen Grenzen des anderen hinausgehen. Wir, Albaner, halten die Berührung als sein Zeichen der Freundlichkeit. Aber das ist unterschiedlich weltweit und es ist nicht immer akzeptiert. Wir Deutschen fühlen uns schnell unwohl, wenn jemand Fremdes nah an uns rückt. In arabischen Ländern gilt es sogar als unhöflich, ein Stück wegzutreten, wenn jemand zu nahe kommt.[14]

Bezüglich der Kinder besonders für die Säuglinge ist die Berührung das wichtigste Kommunikationsmittel denn Babys werden hochgenommen, gefüttert, gestreichelt, geküsst. Das Berührungsverhalten ist sehr bedeutend für die weitere Entwicklung der Kinder, z.B. die Entwicklung von Selbstvertrauen. Berührungsverhalten ist sehr bedeutend für die weitere Entwicklung der Kinder, z.B. die Entwicklung von Selbstvertrauen.

4.3 Prosodik

Sehr wichtig sind auch die Aspekte des Sprechens. Dazu werden die Merkmale der Stimme, Pausen, Intonation, Geschwindigkeit, Rhythmus Man soll sich zuerst deutlich und nicht schnell äussern. Pausen machen damit man auch atmen kann und uns zeigen wo das Satzende ist. Die wichtige Begriffe sind zu verdeutlichen und zu betonen. Im Gespräch ist vor allem der Verlauf der Intonation von grosser Bedetung. Durch Anheben der Stimme erkennen wir z. B., ob es sich bei der Äußerung um eine Feststellung oder um eine Frage handelt.

5   Unterschiede von Verbaler und Nonverbaler Kommunikation

Die verbale und nonverbale Kommunikation stehen im engen Zusammenhang miteinander. Bei Gespräche werden sie immer kombiniert damit eine gelungene Komunikation erreicht werden kann.

Man kann sich ohne den nonverbalen Teil nicht äussern. D.h. dass die verbale Kommunikation ist abhängig von der nonverbalen. Aber die nonverbale Kommunikation kommt ohne die verbale aus. Das Gesprochene wird immer anhand der nonverbalen Signale begleitet. Aber das bedeutet nicht dass jeder Satz durch die Körpersprache begleitet wird.

---

[14] Quelle: http://www.stepin.de/weltneugier/die-kulturen-dieser-erde-mimik-gesten-und-korpersprache [am 1 August 2015]

Sonst das wäre übertrieben und werde zur Missvertändnis führen. Z.B falls man Blickkontakt die ganze Zeit mit den Kommunikationspartner hält, würde das als Flirt oder Hasse aussehen. Körpersprache kann entweder bewusst noch unbewusst sein. Das Geäusserte ist normalerweise bewusst. Man denkt erstens daran was er sagen wird. Bei den Kinder ist die Körpersprache nicht völlig entwickelt, deswegen ist auch ihre Körpersprache unbewusst und sie sind nicht in der Lage sie zu kontrollieren.

Die Signale der Körpersprache sind oft „wahrer" bzw. „echter". Die Sprache ist steuerbar; Nonverbales lässt sich nicht kontrollieren. Z.B man kann das Erröten nicht steuern lassen.

Die Sprache transportiert kognitive Inhalte – das Nonverbale teilt affective Inhalte mit. Sprache eignet sich zur Verhaltensbeschreibung oder zur Verständigung über Personen und Dinge, was sich als Außenweltinformationen subsumieren lässt. Die nonverbale Kommunikation hingegen transportiert Beziehungsbotschaften, wie Gefühle und Einstellungen gegenüber anderen. Personen.[15]

6   Nonverbaler Kommunikation bei Kindern

Falls wir Gedanken machen, würden wir sagen dass die kindliche Körpersprache reicher als die von Erwachsenen ist, denn das Kind noch Mangel an verbale Kommunikation hat. Laut Molcho ist das ganz das Gegenteil.

Er sieht diesen Irrtum als Verwechslung zwischen Motorik und Körpersprache, wobei die kindliche Lebhaftigkeit der Bewegung noch keine Körpersprache darstellt.[16]

Kinder nutzen nonverbale Signale zur Kommunikation mit der Außenwelt, um ein Feedback zu erhalten. Im Erwachsenenalter dient die nonverbal Kommunikation, entsprechend den betrachteten Funktionen des Nonverbalen,zur Unterstützung verbaler Äußerungen oder steht eigenständig neben diesen.[17]

Die meisten Kinder lernen zu kommunizieren durch eine gute Beziehung mit den Erwachsenen, die die Kinderbedürfnisse befriedigen. Die Kinder wollen immer neue Sachen lernen, sie haben immer grosse Fragen und der Wunsch zu kommunizieren ist ein wichtiges Element für die gesellschaftliche Beziehungen. Je mehr man mit den Kinder unterhält desto besser wird ihre Kommunikation entwickelt und das ist auch ein Grundbasis für ihre mentale

---

[15] Kouba, Denise: Nonverbale Kommunikation bei Kleinkinder. Jena 2004, S. 2
[16] Molcho, Samy: Körpersprache der Kinder. Kreuzlingen/ München 2005, S. 48
[17] vgl. Molcho, Samy, a.a.O., S. 49

Entwicklung. Das was das Kind sagen will, ist genauso wichtig wie das, was der Erwachne sagt.

6.1 Wie wäre eine gute Kommunikation mit den Kindern zu erreichen?

Für eine bessere Kommunikationsentwicklung soll man aufmerksam darauf sein, was der Kind sagt. Aufmerksamkeit auf die Sprechweise des Kindes machen und nicht lachen oder Wörter wiederholen wenn das Kind sich nicht deutlich und lustig äussert, sonst würde er sich immer schlimm fühlen bevor er spricht. Insbesondere wenn das Kind vor den anderen sich ausdrücken will, sollen die Eltern ihm damit helfen.

Man soll die Kinder nicht zwingen wie die Erwachsene zu sprechen. Das Kind soll erkennen dass Kommunkation nicht nur eine Notwendigkeit ist sondern auch ein Vergnügen und Wunsch.

Bei Kindergärten, die Schaffung einer bequemer Umgebung, Spaziergänge, gute Tagpläne , Mahlzeiten mit den anderen Kinder haben einen Einfluss auf die Kommunikationsentwicklung.

Die Erzieherinnen sollen vor allem leise und klar sprechen damit auch das Kind aufmerksam sei. Von grosser Bedeutung ist auch ihre Ünterstützung gegen den Kinder wenn es ihnen schwer fällt sich zu äussern. In diesem Fall spielt der Augenkontakt auch eine wesentliche Rolle.

Die Animationsbücher in vielen Farben ziehen die Kindaufmerksamkeit und das führt auch zu Kommentare und Gespräche unter denen.

Von hohem Stellenswert ist dass das Kind unterstützt werden soll, ihre Gefühle zum Ausdruck zu bringen.

Selbstverständlich dass die Eltern sind die wichtigste Stütze zur Kommunikationsentwiclung. Sie sind ein Spiegel und eine eigene Schule für die Kinder. Deswegen sollen die Erwachsenen immer Kontakt mit ihnen halten. Z.B Normalerweise will das Kind immer spielen und machmal immer das Gleiche. Das könnte für die Eltern langweilig sein aber das Miteinanderspiel ist ein guter Schritt zur Kommunikationserweiterung. Auf diese Weise kennt der Erwachsene auch seine Leistungsfähigkeit und sein Naturell.

Insbesondere für die Kinder im Vorschulalter, die schon entwickelt sind, sind einige Kommunikationsausdrücke zu vermeiden wenn sie sich beklagen.

- Du verhählst dich wie ein Kind!
- Störe mich nicht!
- Es ist nicht kalt mehr!
- Übertreibe nicht mehr!
- Dir ist nichts passiert!

Bevor die Erwachsenen sich ausdrücken, sollen sie berücksichtigen wie die angewandte Person sich fühlt.

Wie schon erwähnt nonverbale Signale geben zusätzliche Informationen, die sprachlich möglicherweise gar nicht formuliert werden. Das Kind erkennt dass durch Körpersprache und Sprache etwas bewirken und Absichten realisieren kann und komplexe Informationen versteht. Um eine Absicht zu verwirklichen, lässt das Kind zuerst mit seinem Körper und später mit Worten Dinge geschehen. Kinder in vierten bis sechsten Lebesjahr können Gestik und Sprache bereits flexibel als Kommunikationsmittel einsetzen. Mit der Zeit sind die Ausdrucksmüglichkeiten zugenommen und sie sind schon kreativ nach Lösungen zu suchen.

D.h das Kind ist fähig zwischen Objekt und Handlung zu unterscheiden. . Das Vorschulkind soll bereits in der Lage sein, allgemein gültige Merkmale mit Begriffen in Verbindung zu bringen.

Gerade kleineren Kindern kann nonverbale Kommunikation beim Prozess des Verstehens helfen, weil sie ihrer Neigung entspricht, Informationen in Form von Bildern im Gedächtnis zu speichern und nicht in Form sprachlicher Repräsentationen.[18]

Selbstverständlich dass das Kind teilt sich über die Körpersprache mit. Die Körpersprache bietet ihm eine wichtige Möglichkeit, sich auszudrücken und anderen etwas mitzuteilen. Ganzkörperliche Signale des Kindes zeigen deutlich, wie stark bereits intentionales Verhalten ausgeprägt ist. Die kindliche nonverbale Kompetenz kann besonders anhand der Gestik, des emotionalen Gesichtsausdrucks, des Blickverhaltens und des Gesamtkörperausdrucks beobachtet und beurteilt werden.[19]

---

[18] Fuisz-Szammer, Samonig, Heidi; Die Bedeutung des nonverbalen Ausdrucks für den Spracherwerb. München 2011, S. 17
[19] vgl. Molcho, Samy, a.a.O., S. 103

Nonverbales Verhalten ist an Emotionen verbunden. Ihre Wünsch, Gefühle und Bedürfnisse im 5 bis 6 Lebensjahr werden stärker. Sie erkennen auch ziemlich die Grundemotionen Freude, Ärger, Furcht, Kummer, Ekel, Überraschung, Erstaunen. Das Kind hat bereits entdeckt, dass es durch Signale beim den anderen Reaktionen auslösen kann.

Das Blickverhalten hat für die emotionale und soziale Entwicklung des Kindes eine besondere Bedeutung. In einem Gespräch zeigt der Augenkontakt Bereitschaft des Kindes, sich auf Kommunikation einzubeziehen und gleichzeitig eine höhe Aufmerksamkeit oder Entlassung.

Sie zeigen auch ob sie ängstlich, froh oder unsicher sind. Deswegen ist es sehr entscheidend auf sein Blickverhalten zu achten. Fordert es dadurch Interaktion, will es etwas wissen oder zeigen? Dadurch erhält das Kind auch Informationen über Gedanken, Wünsche und Regeln sozialer Beziehungen. Kinder sind immer in Bewegung; sie sind besonders neugierig nach Dingen zu erforschen und das fordert über die Kommunikation ein.

Die Fähigkeit, das Blickverhalten anderer zu deuten, entwickelt das Kind erst im Vorschulalter. Kinder verstehen erst „ab drei oder vier Jahren, dass andere Personen bewusst mit den Augen kommunizieren"Kinder unter 2 Jahre wissen nicht dass der Blickkontakt als Kommunikationswerkzeug einsetzen wird.[20]

Die Bedeutung von Gesten ändert sich mit dem Kindalter. Gesten werden immer internsiver und absichtlich verwendet.

Kontinuierliches Spiegeln der Gefühle und Empfindungen hilft dem Kind, sich seiner selbst bewusst zu werden, sich sicher zu fühlen, seinen eigenen Standpunkt mitzuteilen, etwas zu erzählen. Es zeigt über den Körper, wie es sich fühlt, was es mag oder nicht mag. Wir müssen Körpersignale verstehen, achtsam sein und mit ihnen umgehen wissen. Damit bekommt das Kind Sicherheit, fühlt sich verstanden und wird von sich aus Kommunikationsanlässe suchen.

---

[20] vgl. Fuisz-Szammer, Samonig, Heidi, a.a.O., S.19, **zitiert nach:** Doherty-Sneddon, Was will das Kind mir sagen? Die Körpersprache des Kindes verstehen lernen. Bern 2005, S. 106

6.2   Die Stufen körpersprachlicher Entwickung

Die Entwicklung der kindlichen Körpersprache kann eine genanur im Kontext der Gesamtentwicklung des Kindes eine sinnvolle Untersuchung darstellen, wobei besonders die Motorik, die Sprache und die Sozialisationsfähigkeit focusiert werden sollten.[21]

Dieser Entwicklungsweg der Ausdruckfähigkeiten und Körpersprache besteht aus verschiedenen Gleise.

Es lassen sich 6 Entwicklungsstufen kindlicher nonverbaler Kommunikation voneinander abgrenzen: die pränatale Phase, die Geburt, die infancy-Phase, die toddlerhood - Phase, die mittlere Kindheit und die späte Kindheit.[22]

Es beginnt mit der *pränatalen Phase.*

Bei dieser Phase man spricht über das Dasein eines Kindes. Selbstverständlich dass man nicht viel darüber weisst. Eines ist sicher; das Kind ist da und von viertem Monat spürt die Mutter sein Existenz. Vom sechsten Monat ist das Organismus entwickelt und das Kind empfindet z.B. die Bewegungen der Mutter.[23]

Bei dieser Phase ist die Entwicklung des Zentralnervensystems sowie das motorische Verhalten von gravierender Bedeutung.[24]

Die zweite Stufe geht mit dem Geburt weiter. Während der Geburt Mutter und Kind tauschen Signale miteinander. Das erste Signal ist das Wehen der Mutter und dann die Bewegungen der Kinder direkt zum Gebärmutterhals. Und dann werden die beiden Körper voneinander getrennt. Die *Geburt* verlangt eine physiologische Umstellungs- und Anpassungsleistung des Säuglings.[25]

Bei dieser Phase erscheinen sich die Charaktereigentschaften des Neugeborenen.[26]

Es gibt zum Beispiel Aktive und Bequeme Neugeborene

---

[21] vgl. Kouba, Denise, a.a.O., S. 6

[22] vgl. Molcho, Samy, a.a.O., S. 12

[23] Bittorf, Christiane: Körpersprache der Kinder. Jena 2002, S. 5

[24] vgl. Kouba, Denise, a.a.O., S.7, zitiert nach: Rauh, H.: Entwicklung in einzelnen Lebensschnitten, Berlin 2002, S.133

[25] vgl. Kouba, Denise, a.a.O., S.7

[26] vgl. Molcho, Samy, a.a.O., S. 7

Dazu ein Experiment:[27]

„Samy Molcho hat die Geburt seiner 4 Söhne gefilmt. Er hat Vergleiche aufgestellt und damit möchte ich zum Ausdruck bringen, dass es Aktive als auch Bequeme Neugeborene gibt.

*Sein **erstes Kind**, kam schnell, wie von einer Kanone geschossen. Es scheint ihm wichtig, schnell ans Licht zu kommen. Er war groß und kräftig. Auch heute ist er, genauso wie bei seiner Geburt, ein "Blitz". Er ist schnll, dynamisch, alles muss bei ihm ohne Verzögerung geschehen.*

*Der **zweite Sohn** war etwas ruhiger, es ging bei der Geburt etwas langsamer, aber er erwies sich als selbstständig. Er hat sich selbst geholfen, er war aktiv. Auch heute ist er so, viel selbstständiger als seine Brüder. Braucht wenig Hilfe von anderen und arrangiert sich selbst mit der Welt.*

*Der **Dritte**. Ihm musste auf die Welt geholfen werden. Er hat sich bedienen lassen. Heute ist er ein liebes, braves Kind. Aber was im Prozess der Geburt zum Ausdruck kam, macht sich auch nach wie vor bemerkbar: Er lässt sich gerne helfen, lässt sich nicht ungern bedienen*

*Der **vierte** Sohn war sanft bei der Geburt, fügte sich umstandslos in das Geschehen. Zu seiner Entwicklung konnte Samy Molcho noch nichts sagen, weil er zu jung ist.*

Es lässt sich nach den Erfahrungen feststellen, dass der Prozess der Geburt, für den das Kind von Natur aus programmiert ist, als aussagekräftig angesehen werden kann, für die Grundzüge der sich nun herausbildenden Charakters; denn ein Kind gibt durch sein Verhalten, ob aktiv, sebstständig, passiv, sanft, schnell, usw., Antworten auf die ersten Anforderungen, die an es gestellt werden. "[28]

Wir wissen auch schon dass das Kind Bei dieser Phase erstellt die ersten Laute und es entstehen Kommunikationsversuche.

---

[27] vgl. ebd.
[28] Kouba, Denise, a.a.O., S.7, zitiert nach: Rauh, H.: Entwicklung in einzelnen Lebenschnitten, Berlin 2002, S.133

In der infancy– Phase (1 u. 2) lernt das Kind seine Signale zu unterscheiden und dadurch macht es deutlich seine Bdürfnisse. Dadurch erfährt das Kind dass es etwas bewirken kann, durch Signale des Körpers.[29]

Es versteht die Emotionen und teilt sich verbal mit.

Die toddlerhood – Phase (2. u. 3. Lebensjahr) ist gekennzeichnet von der Entwicklung eines Selbstgefühls, das durch „Mein", „Ich" und „Nein" zum Ausdruck gebracht wird.[30] Selbstverständlich haben die Kinder schon zu stehen und zu gehen gelernt und sie entwickeln eine neue Beziehung zu ihrer Umwelt und sind auch durch immer neue Bedürfnisse geprägt.

Auch beginnt das Kind über nonverbale Äußerungen nachzudenken und diese gezielt einzusetzen, wobei Gesten oft übertrieben erscheinen, aber eine eindeutige Aussage transportieren. Ebenso erfährt das Kind die Möglichkeiten der Symbolisierung und Abstraktion mittels Sprache und lernt die Regeln und Strukturen des sozialen Miteinanders, was mit einer Einführung in die soziale und kulturelle Gesellschaft verbunden ist.

Die mittlere Kindheit (4. u. 6. Lebensjahr) ist geprägt von einer erweiterten Körpersprache der Kinder. Die neue Beziehungen zur Welt führen zu neue Bedürfnisse und neue Signale. molcho

Die späte Kindheit (7. bis 10. Lebensjahr) in der sich auch die zeite Zahngeneration bildet und Beiss- und Bisskraft verstärken sich. Das Stehen bekommt eine neue Qualität. Die Fußsohle nimmt einen sicheren Stand auf dem Boden einund gleichzeitig auf der Realität. Sie wird durch ein ausgebaute Bewusstsein und eine detaillierte Aufnahme der Welt. "Von nun an kann man von der normalen Körpersprache erwachsener Menschen ausgehen, ihre Bedeutungen von Erwachsenen auf Kinder übertragen."[31]

Bei dieser Phase bauet die Fähigkeit des abstrakten Denkens und des Realitätssinns aus einem verstärken sozialen Bewusstsein und einer detaillierteren Aufnahme der Welt gekennzeichnet. Die verbale Entwicklung ist abgeschlossen und die nonverbale Ausdrucksweise ähnelt der eines Erwachsenen und man kann folglich auch von einer

---

[29] vgl. Molcho, Samy, a.a.O., S.10
[30] vgl. Kouba, Denise, a.a.O., S.7 zitiert nach Ayres, A.J.: Bausteine der kindlichen Entwicklung. 4 Aufl. Springer, Berlin, Heidelberg, New York 2002, S. 1312ff
[31] vgl. Molcho, Samy, a.a.O., S. 11

gleichen Bedeutung ausgehen. Die Ausführungen zeigen, dass die nonverbale Kommunikation nur einen Bruchteil eines komplexen Gesamtprozesses ausmacht und erst die Betrachtung des Ganzen Hinweise auf die Entwicklung der nonverbalen Fähigkeiten geben kann.

Gemäß diesem Gliederungsversuch wird eine detaillierte Studie über die Phase der mittleren Kindheit b.z.w. eine Studie der Kinder im Vorschulalter im Lebesjahr.

Diese Arbeit focusiert sich auf die nonverbale Kommunikation der fünf- bis sechsjährigen Kinder.

7 Kinder im Vorschulalter

Die Kinder zwischen fünf und sechs Jahren sind schon groß genug aber noch ganz klein. Ihre Sprachentwicklung ist schon abgeschlossen. Sie sind in der Lage alle Laute richtig auszusprechen und auch den eigenen Namen schreiben und mindestens bis zehn zählen. Das bedeutet aber nicht dass die Kinder im Vorschulalter sich wie Erwachsenen fühlen und denken. Wir lassen uns von ihrer Sprachkompetenz manchmal täuschen und erwarten viel von ihnen obwohl sie noch gar nicht fähig sind.

Im Vorschulalter entwickeln Kinder übrigens auch die ersten Interessen und wollen alles über Autos, Tiere, Flugzeug, Technologie wissen aber verstehen vieles doch noch nicht. Mit unserem logischen Denken und planvollen Handeln sind wir unterztützen wir die Kinder im solchen Momenten und beeinflüsen auf ihre eigene Entwiklung.

Natürlich dass die Kinder im Vorschulalter spüren auch selbst, dass sie sich verändert haben. Sie lösen sich immer mehr von den Eltern ab.Sie bleiben im Kita studenlang; sie spielen mit den anderen Kinder. Sie fahren allein Fahrrad und sie schlafen bei ihrem Bett. Sie bevorzügen auch alleine anzuziehen (Knöpfe alleine schliessen) besonders die Mädchen. Die meisten können auch ein Messer beim Essen benutzen, schnell rennen, problemlos Treppen hinaufsteigen u.a. Die neuen Erfahrungen und Fähigkeiten sind aufregend und schön, aber die Beziehung zu den Eltern ist immer sehr eng. Obwohl sie schon alles selbst machen wollen, möchten sie ganz klein sein und von ihrer Mutter streicheln und kuscheln.

Kinder im Vorschulalter haben noch nicht den ganzen Realitätssinn erkannt und arbeiten sich so an der Grenze zwischen Fantasie und Wirklichkeit ab. Sie verhalten manchmal auf die jeniege Weise wie die von ihnen gesehene Zeichentricksfilme.

Der Entwicklungspsychologe Hans Martin Trautner hat festgestellt, dass Kinder im Vorschulalter solche erzkonservativen Vorstellungen von Männlichkeit und Weiblichkeit entwickeln, weil ihnen das Klarheit über die Geschlechterrollen verschafft. Kinder im Vorschulalter haben ein sehr gutes Gedächtnis und können ziemlich gut daran erinnern dass ihre Eltern ihnen ein Geschenk versprochen haben.[32]

- *Was verstehen wir unter Emotion?*

Eine Emotion ist also ein *"komplexes Muster von Veränderungen, das physische Erregung, Gefühle, kognitive Prozesse und Verhaltensweisen einschließt, die in Reaktion auf eine Situation auftreten, welche ein Individuum als persönlich bedeutsam wahrgenommen hat".[33]*

Z.B Ärger ist eine Emotion. Wenn man Ärger empfindet , fühlt man sich sehr nervös und manchmal kann man sich selbst auch nicht kontrollieren. Der Grund dafür kann ein Streit mit jemandem sein. Diese Emotion führt zur körperlichen Reaktion b.z.w. zu unbewusster Körpersprache.

Das Kind empfindet Emotionen schon vor der Geburt, z.b durch den Herzschlag seiner Mutter hört es Geräusche. Diese Emotionen setzen in der ganzen Kindheit und Leben fort. Ab dem dritten Monat zeigen ihre Gesichter Freude, Interesse, Überraschung, Ärger, Traurigkeit.[34]

Obwohl die Kinder diese Emotionen schon erkennen ist ihre Entwicklung noch nicht abgeschlossen denn es kann sein das sie Emotionen verwirren. Deswegen soll man mit dem Kind immer Geduld haben und Mut zusprechen. Das schafft auch Vertrauen und in diesem Fall ist es offener in sozialer Beziehung. Durch diese Bezihung entwickelt es auch die Fähigeit des Emotionsausdrucks. Wie gesagt die Kinder im Vorschulalter verstehen schon die Emotionen. Auf diese Weise erkennen sie auch die Ursachen der eigener Emotionen b.z.w. die Reationen der anderen.

Im fünften Lebensjahr beginnt sich die Vorstellung davon zu wandeln, was Stolz bedeutet. Das Kind hat zwar schon gelernt, dass Stolz eine positive Emotion ist, es setzt sie aber noch mit Freude, Glück oder Begeisterung gleich. Erst in den kommenden Monaten und Jahren

---

[32] http://www.familie.de/eltern/probleme-mit-kindern-im-vorschulalter-tipps-538039.html [22.03.2015]
[33] http://www.kindergartenpaedagogik.de/1944.html [09.03.2015]
[34] vgl. Molcho, Samy, a.a.O., S.10

wird es lernen, dass Stolz mit Leistungen und Lob zusammenhängt, also eine stark von der Umwelt abhängige Emotion ist.[35]

In diesen Lebensjahren lernen die Kinder auch, Situationen gedanklich umzudeuten, sich abzulenken oder ihre Emotionen zu regulieren, indem sie darüber sprechen.[36]

Das Wissen um die Emotionen anderer Menschen sowie das Erlangen der Fähigkeit, zwischen deren Gefühlen und den eigenen zu differenzieren, sind bedeutende Schritte. Das Kind kann sich nun besser in eine andere Person hineinversetzen und sein Verhalten entsprechend seiner Erkenntnis anpassen. Damit ist die Stufe der *emotionalen Empathie* erreicht.[37]

Vorschulkinder haben einen Großteil des Weges zur emotionalen Kompetenz gemeistert. Ihre emotionale Entwicklung ist schon weit vorangeschritten, sodass der Unterschied zu einem Kind, das gerade in den Kindergarten gekommen ist, enorm scheint.[38]

Der Emotionbereich dieser Kinder ist schon sehr entwickelt, sie können ihn kontrollieren, ändern und diese Ausdrücke an verschiedenen Gelegenheiten anpassen.

7.1 Ausdrucksmöglichkeiten kindlicher Körpersprache

Da die verbale Kommunikation nicht bei allen Kindern im Vorschulalter völlig abgeschlossen ist, hat die nonverbale Kommunikation einen höheren Wert.

Die Untersuchungen von Molcho haben gezeigt, dass erst 5 bis 6 jährige beginnen nonverbale Ausdrucksmöglichkeiten zu bevorzugen.[39]

Branningan und Humphries bestätigen diese Prodominanz der nonverbalen Kommunikation gegenüber der verbalen Sprache im 5. Lebensjahr.[40]

Im folgenden wird es über die Ergebnisse der anderen Wissentschaftler aufgezeigt, die mit der Körpersprache der 5 u. 6 jährige Kinder auseinandergesetzt haben. Anders gesagt die

---

[35] vgl. Molcho, Samy, a.a.O., S.76
[36] http://www.kindergartenpaedagogik.de/1944.html [09.03.2015]
[37] vgl. ebd.
[38] vgl. ebd.
[39] vgl. Molcho, Samy, a.a.O., S. 101
[40] vgl. Kouba, Denise, a.a.O., 9

Bedeutung der Signale von bestimmter Körpersteile bzw. der Händen, Kopf, Körper u.a., die in diesen Lebensjahren übertragen werden.

Auch wenn Psychologen fast eine Million verschiedener nonverbaler Signale identifiziert haben, sind einige grundlegende Aspekte der kindlichen Körpersprache bestimmbar.[41]

Der Kopf des Kindes sendet in allen Richtungen Signale. Blick und Mimik haben eine besondere Rolle. Mimik gilt als direkter Ausdruck der Empfindungen.

Der Blickkontakt kann auf Distanz wirken oder Kontakte anbahnen bzw. verweigern. Die Pupillen weiten sich wenn das Kind froh ist und verengen sich bei Unangenehmen.[42]

Wenn ein Kind die Braue hoch zieht, bedeutet dieses Signal Unglauben. Zieht es die beiden ist es Überraschung, und das Gegenteil besagt Zweifel.[43]

Der offene Mund und die Zungenspitze zwischen den Lippen zeigt höchste Konzentration. Zähne werden zusammengebissen wenn das Kind sich nervös oder ärgerlich fühlt.

Die Mundwinkel sind bei guter Laune nach oben gezogen, bei Abscheu nach hinten und bei Überraschungen bleibt der Mund einfach offen stehen. Die Nase kann bei Abneigung gerümpft und die Nasenflügel bei Wut geweitet werden.[44]

Wir wissen auch alle dass sowohl bei uns als auch bei Kinder wird die Haut rötlich im Falle des Schuldes oder Schames. Beim Angst wird sie blass.

Das Anheben des Kopfes ist bei Kindern ein deutliches Signal von Interesse, wird der Kopf jedoch abgewandt, zeigt dies den Wunsch nach einer Pause oder Beendigung des Spiels an.[45]

Zum Kopf gehört natürlich auch der Hals. Sie machen aus Neugier gerne einen langen Hals.[46]

Die Hände haben auch eine grosse Bedeutung um Signale zu übertragen. Sie verwenden sie um Wünsche auszudrücken. Wenn sie wütend sind, ballen sie die Händen zu Fäusten.

Schlaffe vom Handgelenk herabhängende Hände zeigen deutlich, dass das Kind an einer Interaktion mit seiner Umwelt nicht interessiert ist, wofür meist Unbehaben, Unzufriedenheit oder Übermühung die Ursachen sind.[47]

---

[41] vgl. Ayres, A.J., a.a.O., S.43

[42] Barth, Marcella u. Markus, Ursula: Alles 8ber Körpersprache der Kinder. Freiburg 1996, S. 38

[43] vgl. Kouba, Denise, a.a.O., S. zitiert nach Szasz, Susanne: Körpersprache der Kinder. Lübbe, Bergisch Gladbach 1979, S. 24, 26

[44] Argyle, Michael: Körpersprache und Kommunikation. Paderborn 1992, S. 203

[45] vgl. Molcho, Samy, a.a.O., S.111

[46] vgl. Barth, M. u. Markus, U., a.a.O., S. 8

[47] vgl. Molcho, Samy, a.a.O., S.112

Händen haben auch eine schützende Rolle. Wenn die Kinder etwas nicht hören wollen oder ein Gedicht langweilig finden, halten sie die Ohren zu.[48]

Bei Anspannung oder Stresssituationen halten Kinder die Hände zusammen,was ihnen Sicherheit gibt. Auch das Streicheln der Hand über das Kinn hat bei Kindern eine Bedeutung. Sie sind bereit nun eine Entscheidung zu treffen. Das Streicheln über das Kinn ermöglicht ihnen dabei besser zu denken.[49]

Im Bezug auf die Körperhaltung haben die Kinder einen lockeren Rücken und das führt zu einer idealen Körperhaltung.

Innere Haltung und bewegte Haltung stehen in einem spannenden Wechselverhältnis zueinander, bei dem gilt: innen wie außen und außen wie innen. Die Haltung stellt somit das Abbild des Inneren dar und entzieht sich einer bewussten Kontrolle.[50]

Wenn Kind, das die Hände in die Hüften stemmt und seinem Gegenüber direkt ins Gesicht schaut, zeigt deutlich seine Bestimmtheit und seine Wut.[51]

Kinder die häufig ausgeschimpft werden, ducken sich und machen sich klein, um keine unangenehme Aufmerksamkeit auf sich zu ziehen, was sich auch auf ihr Selbstwertgefühl auswirkt.[52]

Wenn sie gelobt werden, halten sie den Körper gerade und ziehen die Hals hoch.

Eine hochgezogene Schulter zeigt Ratlosigkeit an, gestraffte Schultern stehen für Entschlossenheit und hängende Schultern scheinen unter einer Last nachzugeben.[53]

Ebenso lernen sie standardisierte Gesten, wie das Winken zum Abschied, die Bedeutung des Zeigefingers oder der Schwurfinger.[54]

8 Methode der Untersuchung und Auswahl der Kinder im Vorschulalter

In dieser Arbeit möchte ich anhand der Untersuchung darstellen, wie reagieren die ausgewählten Kinder bezüglich ihrer Körpersprache auf verschiedenen Emotionen d.h. eine Analyse der nonverbalen Kommunikation.

Im methodischen Zentrum meiner Untersuchungen steht die Fotointerpretation.

---

[48] vgl. ebd.
[49] vgl. Kouba, Denise, a.a.O., S.11 zitiert nach R. Woolfson: Kinder und Körpersprache. Freiburg 1996, S.90
[50] vgl. Argyle, Michael, a.a.O., S.255
[51] vgl. Kouba, Denise, a.a.O., S. 11
[52] vgl. ebd.
[53] vgl. Kouba, Denise, a.a.O., S. zitiert nach Szasz, Susanne, a.a.O., S.22
[54] vgl. Barth, M. u. Markus, U., a.a.O., S. 9

Meine Untersuchung fand während August in einem Kindergarten in Peshkopi statt. Da es der Kindergarten noch nicht offiziell geöffnet war, waren es dort nur 12 Kinder.

Meine Beobachtungen konzentrierten sich auf Kinder im 5 u. 6 Lebensjahr. Die Stichprobe umfasst drei Kinder , zwei Mädchen (5 und 6 Jahre) und eine Junge (6 Jahre). Es wurden Fotos an verschiedenen Situationen gemacht.

Die Kinder haben erstens nicht bemerkt dass ihnen Fotos gemacht wurde. Da ich mit ihnen manchmal spielte, hat das Handy ihr Aufsehen nicht erregt.

Aber in den letzten Tagen kamen sie oft zu mir, zeigten mit dem Finger auf das Handy und stellten sie immer die Frage ob ich mit ihm spiele.

Am Anfang war es schwer dass sie locker seien denn ich war ein fremder Mensch. Aber im Laufe der Zeit spielten sie alle zusammen verschiedene Spiele als ob ich nicht da wäre.

Auf diese Weise konnte es die Körpersprache der Kinder besser untersucht werden um das benötigte Material zu sammeln.

In den ersten Tagen fokussierten sich der Schwerpunkt auf die Auswahl der Kinder.

Welche Kind soll ich dauernd untersuchen?

Nach der allgemeinen Beobachtung wurde die Auswahl nach ihren Typen gemacht; zwei Mädchen, ein ruhiges und ein expressive und ein Junge, der der einzige dort war.

Für diese Auswertung wählte ich einen Analyseweg in 3 Schritten um einen richtigen Verlauf der Körpersprache zu verfolgen.

1.   Es wurden Fotos in allen Situationen aufgenommen insbesondere beim Spielen, denn die Kinder waren sehr aktiv

2.   Im zweiten Schritt wurden die Bilder ausgewählt, in denen die ausgewählten Kinder aufgenommen waren. Sie wurden in bestimmten Gruppen geteilt, abhängig von den Emotionen

3.   Detaillierte Beobachtung von der Körpersprache der ausgewählten Kinder

8.1 Interpretation der fotografischen Materialien[55]

Was zu betonen ist, ist die nonverbale Kommunikaton bei Kinder kommt am ersten Platz. Bevor sie das Sprechen lernen, nutzen sie andere Wege zur Verständigung d.h. die nonverbale Kommunikationskanäle wie Mimik, Gestik Blickkontakt, Körperphaltung et al.

Bei dieser sorgfältigen Betrachtung von den Kommunikationskanäle wurde es erkannt , dass sie koordiniert sind. Im Wesentlichen geben sie eine klare Darstellung hinsichtlich ihrer Gedanke, Gefühle und Emotionen, worauf der Fokus war.

Als die Kinder spielten waren sie kaum zu bremsen. Die verschiedenen Emotionen führten zur einen lebendigen Körpersprache. Interesant ist wie die Kinder damit umgegangen sind. Die Datengrundlage für meine Auswertung von der Körpersprache besteht aus Fotoaufnahmen.

Bevor nach der Analyse der ausgewählten Kinder zu richten, ist es wichtig eine allgemeine Beschreibung der Körpersprache von der allen Kinder im Kindergarten.

Bezüglich der verbalen Kommunikation war sie ziemlich reich und man würde sagen dass sie schon abgeschlossen ist. Sie diese Kinder waren immer laut und sie sprachen immer zu nah zu einander; sie konnten nicht leise sprechen. Nur die Erzieherinnen konnten sie beruhigen.

Die Kinder in diesem Lebensalter besitzen gleichzeitig eine entwickelte Körpersprache. Wie schon oben erwähnt worden ist, bietet ihnen ihr lockerer Rücken eine perfekte Körpersprache an. Sie benötigen alle nonverbale Kommunikationselemente um Gedanken, Gefühle, Wünsche auszudrücken. Trotz ihrer Freundschaft gab es Momente bei denen Freude, Nervosität, , Erstaunen, Traurigkeit, Ärger besass.

Sie streiten um den Besitz von Spielzeuge oder wenn sie Spielzeuge anderer Kinder kaputtmmachen. Wenn ein Kind versucht ein neues Spiel anzufangen, was das andere Kind nicht akzeptiert bzw. ablehnt. Bei dieser Situation kreuzen sie die Arme vor der Brust und halten den Kopf unten mit den senkenden Augenbraue und den Mund zu.

Wenn sie ein neues Bild zeichen wollen, können das aber nicht, werden sie nervös und laufen weg mit senkendem Kopf und Augenbrauen. Das Zeichen wird es ihnen langweilig

---

[55] Die fotografischen Materialien wurden aus Gründen des Persönlichkeitsschutzes der beschriebenen Kinder für eine Veröffentlichung entfernt.

Beim Auslachen eines Kindes, zeigen sie mit dem Finger und lachen stark. Einige von denen stellen die Hand vor dem Mund. Bei Warnung ziehen sie den Zeigefinger hoch und bewegen ihn vorne und hinten.

Wenn sie sehr froh sind, reagieren sie auf verschiedenen Weise. Meistens sie springen, halten die Arme hoch und schreien. Sie können auch nicht zurechtzufinden.

Vor der Kamera waren sie immer schüchtern und halten den Kopf an den ersten Tagen unten. Im Falle einer Überraschung halten sie den Mund offen und sie starren an.

Wenn über etwas gesprochen wird, deuten die Finger auf die bestimmte Stelle im Raum.

Wenn sie traurig oder glücklich sind, spiegelt sich das in ihrem Gesicht wieder. Das ist ganz spontan und unbewusst. Mimische Gesten sind zeigen das am besten. Wenn sie ärgerlich waren starren sie an und beißen die Zähne.

Sie ballen bei einem Wutanfall ihre Hände zu Fäusten und pressen diese an die Schläfen. Sind sie entspannt und glücklich, schwingen Arme und Hände locker an den Seiten.
Wenn sie an einem Spiel nicht interessiert sind, setzen sie einfach auf den Stuhl oder legen auf den Boden.
Wenn sie etwas nicht hören wolle,, setzen sie die Hände auf die Ohren um das Unangenehme zu sperren und gehen weg.

Die Emotionen worauf es sich bezogen wurde sind:
- Freunde
- Trauigkeit
- Erstaunen
- Ärger
- Nervosität

- Was versteht man unter diese Emotionen:

Freude ist eine Emotion, die von einer positive, erfreulichen und lustigen Situation entsteht. Freude äussert sich durch Lachen, Lächeln.

Traurigkeit, ist die Emotion, die von einem schlechten Ereignis verursacht wir bzw. Tod, Unfall, Krankheit et.al. Wenn man traurig sich fühlt, weint man, die Augenbrauen senken, den Kopf halt man unten.

Man erstaunt sich, wenn etwas unerwartetes passiert oder wenn man etwas ungewöhnliches erfunden hat. Bei dieser Situation bleiben die Augen ganz offen und der Mund gleichzeitig.

Man ärgert sich, wenn etwas schief gelaufen ist; wenn man sich unzufrieden mit einem unangenehmene Ereignis fühlt.

Nervosität lost sich aus, wenn man eine Situation nicht kontrollieren kann oder wenn man nicht weisst, was er in einem bestimmten Punkt tun soll.

a) Das erste Mädchen, das zur Beobachtung ausgewählt wurde, wird hier Kind A genannt und ist 5 Jahre alt. Sie ist ein sehr ruhiger Typ und fokussierte sich auf die eigene Sachen und die eigene Ruhe. Deswegen auch ihre nonverbale Kommunikation war nicht sehr intensive im Vergleich mit den zwei anderen Kinder.

b) Das zweite Kind B ist 6 Jahre alt. Sie ist sehr expressive und immer aktiv bei Spielen.

c) Der Junge, Kind C, ist ebenfalls 6 Jahre alt. Da der einzige Junge im Kindergarten war, bevorzügt er meistens Zeichenfilme anzuschauen.

> Kind A (5 Jahre)

EMOTION	BESCHREIBUNG DER NONVERBALEN KOMMUNIKATION
Freude	Sie hält die Hände unten. Im zweiten Bild hat hält sie die Hände nach dem Rücken zusammen. Sie spiegelt die Freude durch das Gesicht, denn die Hände sind passiv. Die Augen macht sie half zu und den Mund hält offen. Im ersten Bild hält sie die Zähne zusammen. Den Körper beugt sie ein bisschen nach vorne.
Traurigkeit	Sie bevorzügt sich sitzenbleiben. Sie kreuzt die Arme zusammen und stützt daran ihr Kopf. Den Mund macht sie zu und schaut auf einen bestimmten Punkt.
Ärger	Sie streckt die Hand gezielt auf das andere Kind mit dem sie streitet. Dabei ist die Hand geöffnet, zeigt auf das Kind, berührt das Kind aber nicht mit der Hand. Die Mundwinkel nach vorne gezogen. Sie wendet demonstrativ seinen Blick am Kind zu. Sie zieht den Körpr zurück.
Erstaunen	Eine Hand lässt sie frei und die andere stellt sie vor den Mund. Sie starrt und der Blick richtet nach dem Geschehen und die Augen bleiben ganz offen. Der Mund ist halb offen. Die Körperhaltung bleibt gerade und die Beine halb offen.
Nervosität	Auch wenn sie nervös ist, ist es bei ihrer Körpersprache nicht sehr reflektierbar. Sie bleibt gerade stehen und die Arme unten. Der Blickrichtung wendet an den Boden. Die Füsse sind ganz ganz zueinander.

> Kind B (6 Jahre)

EMOTION	BESCHREIBUNG DER NONVERBALEN KOMMUNIKATION
Freude	Alle ihre Körperteile stehen zur Bewegung. Die Arme zieht sie nach oben und die Hände offen. Den Mund hält sie offen und die Augenbrauen zieht sie hoch. Der Blick ist nicht fest, sondern ganz spontan; Kopf abgehoben Den Körper hält sie gerade.
Traurigkeit	Sie weist ihre Expressivität auch hier auf, denn im Vergleich mit den zwei anderen, die irgendwo legen, bleibt sie stehen. Die Arme sind halb unten und sie berührt unbewusst ihre Kleidung. Den Kopf ist nach vorne gebeugt und die Augen hält sie unten , den Mund zu. Gerade Körperhaltung; die Beine fest auf dem Boden, halb offen.
Ärger	Da sie auf dem Stuhl sitzt, stellt sie die Hände auf den Tisch und wendet dem anderen Kind zu. Sie schaut dem Gegenüber direkt ins Gesicht.
Erstaunen	Eine Hand lässt sie frei und die andere stellt sie vor den Mund. Sie starrt und der Blick richtet nach dem Geschehen ganz bewusst. Der Mund ist halb offen. Die Körperhaltung bleibt gerade und die Beine halb offen auch; den Linken nach links versetzt.
Nervosität	Sie zeigt ihre Nervosität ganz offen. Den Mund macht sie zu und die Augen ganz offen. Sie berührt ihr Kleid unbewusst, ein klares Zeichen dieser Emotion.

➢ Kind C (6 Jahre)

EMOTION	BESCHREIBUNG DER NONVERBALEN KOMMUNIKATION
Freude	Wenn er froh ist, läuft um den Raum. Die Arme zieht er halb hoch und die Hände bällt er zu Fäusten. Den Mund hält er offen. Augenbrauen hoch gezogen.
Traurigkeit	Im Falle der Traurigkeit läuft er weg, sucht einen sicheren Platz und legt sich auf den Boden. Er kreuzt die Arme vor der Brust, den Mund macht er fest zu; zusammengezogene Augenbrauen. Gerade Körperhaltung.
Ärger	Da er mit den Mädchen ärgerte, verhält er sich nicht sehr aggressiv. Die Arme lässt er unten.Den Körper zieht er in bisschen nach hinten. Der Blick wendet zielbewusst zu dem anderen Kind; zusammengezogene Augenbrauen.
Erstaunen	Den Körper beugt er nach vorne und streckt den Kopf um anzuschauen. Die Augen sind ganz offen und der Mund gleichzeitig. Der Blick konzentriert sich auf das Geschehen.
Nervosität	Er sieht so aus als er schwer atmet. Die Armen werden unten gehalten und die Schultern ein bisschen hochgezogen. Der Blick richtet an den Boden. Wie Kind B versetzt er ein Bein nach rechts.

9 Schlussfolgerung

Die nonverbale Kommunikation bei den ausgewählten Kindern ist sowohl ähnlich als auch unterschiedlich. Das hängt meistens von ihren Typen ab.

Wenn Kind B und Kind C froh sind, ziehen sie die Arne hoch. Kind A dagegen, die eine ruhige Typ ist, last sie unten. Nur der geöffnete Mund und die hochgezogenen Augenbrauen sind ähnlich bei ihnen.

Im Falle der Traurigkeit, Kind A sieht aus als sie sich nicht traurig fühlte. Ganz ruhig setzt sie auf den Stuhl und schaut die anderen an. Bei die zwei anderen ist das unterschiedlich. Sie halten den Kopf unten, die Mundwinkel nach unten gezogen und senkende Augenbrauen.

Beim Ärger spielen die Hände bei den Mädchen die wichtigste Rolle. Sie strecken sie zum anderen Kind und die Mundwinkel nach vorne gezogen. Der Junge verhält sich anders. Seine Kraft will er nicht den Mädchen zeigen, sondern er beugt den Körper ein bischen nach hinten und die Hände last er unten.

Im Falle des Erstauens sind die Augen ganz offen und der Mund gleichzeitig bei den drei Kinder. Der Blick wendet zum Geschehen. Anders als der Junge stellen die Mädchen die Hände (Kind A, die rechte; Kind B die beide) vor den Mund; der Junge halt sie unten.

Das Bild der Emotion "Nervosität" wurde aufgenommen als sie zusammen ein Gedicht vortrugen, woran sie nicht ganz genau erinnern konnten.

Kind B zeigt Zeichen der Nervosität wenn sie ihre Kleidung unbewusst berüht und ihr Blick wendet zu der Erzieherin.

Kind C zieht die Schulter ein bisschen hoch und schaut auf den Boden an. Kind A hält die Hände unten und wie immer sieht ruhig aus.

Die Beobachtungen samt den Unterschiede und Ähnlichkeiten sind schon ein klares Zeichen für die Vielfacht und die Entwicklung der Körpersprache bei Kinder im Vorschulalter.

10 Literaturverzeichnis

Argyle, Michael: Körpersprache & Kommunikation. Das Handbuch zur nonverbalen Kommunikation. 9. Auflage. Paderborn: Junfermannsche Verlagsbuchhandlung 2005

Barth, Marcella / **Markus**, Ursula: Körpersprache der Kinder. Ravensburger, Ravensburg: Urania Freiburg Verlag 1996

Bittorf, Christiane: Körpersprache der Kinder. Jena 2002

Busam, Xenia/ Heiko Lüdemann (Hrsg): Körpersprache. Entschlüsseln Sie den geheimen Code. Stuttgart 2006

Fuisz- Szammer/ **Samonig**, Heidi: Die Bedeutung des nonverbalen Ausdrucks für den Spracherwerb. München 2011

Hansen, Sybille: Konflikhafte Interaktionen unter dreijähriger Kinder- Die Körpersprache. Neubrandenburg 2012

Köhler, Alexandra: Nonverbale Kommunikation. Oldenburg 2007

Kouba, Denisa: Nonverbale Kommunikation bei Kindern. Jena 2004

Kadzadej, Brikena: Aspekte der Kommunikation im Deutschen und Albanischen. Oberhausen: Athena 2010

Mann, Ulrike: Der neue Trend der "Babyzeichensprache". Brandenburg 2009

Molcho, Samy: Körpersprache der *Kinder,* Kreuzlingen/ München: Ariston Verlag 2005

Schäfer, Erich: Nonverbale Kommunikation. Magdeburg 2002

Internetquelle

http://www.stepin.de/weltneugier/die-kulturen-dieser-erde-mimik-gesten-und-korpersprache [1 August 2015]

http://www.kindergartenpaedagogik.de/1944.html [09.03.2015]

https://www.google.al/?gws_rd=cr,ssl&ei=KSH0VcinLsTcaLvulLgC#q=http:%2F%2Fwww. familie.de%2Feltern%2Fprobleme-mit-kindern-im-vorschulalter-tipps-538039.html [22.03.2015]